PROMOTIONS DE GRADES ET CAMPAGNES.

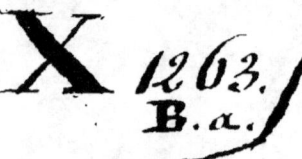

DURÉE DES EFFETS.

HABILLEMENT.	Ans.	ÉQUIPEMENT.	Ans.
Habit	2	Ceinturon ou Baudrier.	20
Veste	2	Giberne.	20
Culotte.	1	Porte-Giberne.	20
Pantalon	1	Bretelle de fusil	20
Schako.	4	Caisse, Collier et Baguettes de tambours..	20
Bonnet de	6		
Bonnet de police	2	Fusil et Baïonnette	50
Capote.		Sabre	

NOUVEAUX PRINCIPES DE LECTURE,

Par lesquels on peut apprendre à lire le Français et le Latin en beaucoup moins de temps, et avec bien plus de facilité que par la méthode ancienne et ordinaire;

Éprouvés et mis en pratique avec succès, par LESTIVANT, ancien maître de pension de LYON.

NOUVELLE ÉDITION,

Soigneusement corrigée.

A BESANÇON,

Chez la V.ᵉ Métoyer, Imprimeur-Libraire.

1812.

AVERTISSEMENT
SUR LA LECTURE DU FRANÇAIS.

LE son qu'on donne aux lettres dans cet Alphabet, est conseillé depuis long-temps par des personnes zélées, intelligentes et très-expérimentées. C'est le son qu'on leur donne dans le bureau typographique, et dans d'autres méthodes pour apprendre à lire aux enfans, et l'on a remarqué que ceux auxquels on a fait nommer les lettres comme elles sont nommées ici, et qu'on a fait épeler, c'est-à-dire, compter en les nommant de cette sorte, ont su lire incomparablement plutôt que ceux qui en apprenant à lire, épèlent comme font épeler la plupart des maîtres.

Afin d'épeler conformément à cet Alphabet, il suffira de nommer les lettres à mesure qu'elles se présenteront dans les mots; par exemple, si je veux épeler ces mots: *mon Dieu, soyez-moi propice*; je dis *me on Die eu seo yès me oi preo pi ce*; et en conséquence il est presqu'inutile de faire dire aucun *b*, *a*, *ba*. Lorsque les enfans seront bien au fait d'épeler de cette sorte, il faudra les faire lire, et leur apprendre et tenir la main à ce qu'ils ôtent de la fin de chaque consonne l'*e* muet qu'ils y mettoient en épelant.

Il faut remarquer que le *c* n'a jamais le son de *se*, sinon quand il est suivi d'un *é* ou d'un *e*, ou d'un *i*, comme dans *cé, ce, ci :* par-tout ailleurs il a le son de *que*, à moins qu'on ne mette une cédille dessous, de cette sorte *ç* : pareillement le *g* n'a le son de *j* que quand il est suivi d'un *e* ou d'un *i*, comme dans *ge, gi ;* par-tout ailleurs il a le son de *gue*. La lettre *h* ne se prononce ni au commencement, ni au milieu, ni à la fin des mots ; si quelquefois on la prononce, ce n'est qu'en l'aspirant comme dans la Hollande, la Hongrie. La lettre *s* a quelquefois le son de *z*, comme dans les mots *rose, saison ;* il faut lire comme s'il y avoit *roze, saizon*. La lettre *t* a quelquefois le son de *s*, lorsqu'elle est suivie d'un *i*, et qu'après l'*i* il vient une autre voyelle ; par exemple, ces mots *minutie, bénédiction*, doivent être lus *minucie, bénédiccion*. Il y a quelques exceptions dans ces deux derniers articles ; l'usage les apprendra. La lettre *x*, outre les deux sons de *que-se*, de *gue-se*, donnés dans l'alphabet, a quelquefois le son de deux *ss*, comme dans *Auxerre, Bruxelles ;* il faut lire *Ausserre, Brusselles ;* quelquefois elle a le son de *z* : par exemple, *deuxième, sixième,* etc. lisez *deuzième, sizième*.

ALPHABET.

A a b c d e f g
h i j k l m n o
p q r s t u v
x y z et.

ABCDEFGHIJKLM NOPQRSTUVXYZ.

VOYELLES.

a e i o u.

CONSONNES.

be ce-que de fe ge-gue je que le me ne
b   c   d f   g   j   k l m n
pe que re se ze te-si ve xe-gue-ze ze.
p q   r   s   t   v   x   z

*a b c d e f g h i k l m n o p
q r s t u v x y z et.*

L'alphabet répété plusieurs fois.

b f c g l d h m q e i j n r
u k o s f y p z x t y s e d s
k c i p b h o t a g n s z j f
m s y l r x p u v a u q a b
b k q d e é è ê é f p h t h
i y j g k c q l m o p n q k
e r ç s t u v x k f s y i z.

SECONDE LEÇON.

Voyez la lecture première.

e é è ê

Ba be bé bè bê bi bo bu
Ca ce cé cè cê ci co cu
Da de dé dè dê di do du
Fa fe fé fè fê fi fo fu
Ga ge gé gè gê gi go gu
(1) Gua gue gué guè guê gui guo
Ha he hé hè hê hi ho hu
Ja je jé jè ji jo ju

(1) gua comme ga, gue, etc.

Ka ke ké kè kê ki ko ku
La le lé lè lê li lo lu
Ma me mé mè mê mi mo mu
Na ne né nè nê ni no nu
Pa pe pé pè pê pi po pu
(1) Qua que qué què quê qui quo
Ra re ré rè rê ri ro ru
Sa se sé sè sê si so su
Ta te té tè tê ti to tu
(1) Tia tie tié tiè tiê tii tio tiu
Va ve vé vè vê vi vo vu
Xa xe xé xè xê xi xo xu
Za ze zé zè zê zi zo zu

Voyez la lecture troisième.

ab èb ib ob ub
ac èc ic oc uc
ad èd id od ud
af èf if of uf
ah èh ih oh uh
al èl il ol ul
ar èr ir or ur

(1) qu comme k ; ainsi, qua; comme ki, ka, etc.
(2) tia comme cia, cié, cii, cio, etc.

QUATRIEME LEÇON.

Lecture cinquième.

a ê i ô u é i o a è

as ès is os ut at et it ot ut ez

Les syllabes de cette Leçon répétées plusieurs fois.

ut os is id ê at us e asz at us et ez
os is it et ot ès ut as ès at is et os it
us et ut as es ès os as ot et ez us it
ot is et as ès os ut is et us at ot it
as et ec ed

CINQUIEME LEÇON.

Voyez la lecture seizième.

a-ze	è-ze	i-ze	o-ze	u-ze
ase	ese	ise	ose	use

SIXIEME LEÇON.

Voyez la lecture septième.

ble   bre   che   cre   cle
bl   br   ch   chr   cl
cre   que-te   5   dre   fle
cr   qu   ct   dr   fl
fre   gle   1   gre   5   gue   3
fr   gl   gn   gr   gu
fe   fle   fre   ple   sple   sfe
ph   phl   phr   pl   spl   sf
pre   pse   sque   se   spe   spre
pr   ps   sc   sç   sp   spr
sfe   ste   4   tle   tre   vre
sph   st   tle   tl   tr   vr

---

bla   ble   bli   blo   blu
bra   bre   bri   bro   bru
(6) cha   che   chi   cho   chu
chra   chre   chri   chro   chru

1   3   4   5

agnelet ; langue ; cueillir ; que, comme ke, quand, comme kand ; (6) château, chétif, choc, chipre, chûte.

(10)

cla	cle	cli	clo	clu
cra	cre	cri	cro	cru
cta	cte	cti	cto	ctu
dra	dre	dri	dro	dru
fla	fle	fli	flo	flu
fra	fre	fri	fro	fru
gla	gle	gli	glo	glu
gna	gne	gni	gno	gnu
gra	gre	gri	gro	gru
gua	gue	gui	guo	guu
pha	phe	phi	pho	phu
phra	phre	phri	phro	phru
pla	ple	pli	plo	plu
pra	pre	pri	pro	pru
psa	pse	psi	pso	psu
sca	sce	sci	sco	scu
sça	sçe	sçi	sço	sçu
spa	spe	spi	spo	spu
spha	sphe	sphi	spho	sphu
sta	ste	sti	sto	stu
stra	stre	stri	stro	stru
tra	tre	tri	tro	tru
vra	vre	vri	vro	vru

SEPTIEME LEÇON.

(a) *Voyez la Lecture huitième.*

ill, aill, ail, eill, euil, ouil.

HUITIEME LEÇON

Voyez la Lecture neuvième

à â è é ê î ô û ë ï ü

NEUVIEME LEÇON.

(b) *Voyez la lecture dixième.*

an   an   an   an   in' in   in   in   oin
an am em in ein ain aim oin
i-en on on ou oure un um o-è
ien on om ou our un um oi

(a) Pour prouver les sons que doivent produire les syllabes de cette leçon, voyez les mots de la huitième lecture.

(b) Quoiqu'on ait mis des traits d'union entre les caractères italiques, il faut néanmoins nommer les syllabes d'une seule voix.

o-è o-ère o o o o eu eu-re
oie oir aux au eau eaux eu eur
è è-re è è é é é è è
ai air ei eai oî aî ois oit oient
è è-ye oe-ye (1)
est ay oy eoient è

Les syllabes de cette Leçon répétées plusieurs fois.

in ien em un in en ay au
our im em eur oir ou ai au
oî eu oie oy om ein ai on
est eai um oient ei oit ai ay
ois an ein on um ai ois an ein
ou um ai oy ois am in om oi
ea ei oit en im ou oie ay
eai oient em in our oir eu aî
est in ient un au eur in oî an
em ay am en ein ien ain in
on un om our ou um oy on
our au ei oi oît oî ai ait in au
ou om eai ei ois eai eu aim
oy ein our ain oir ain um am

(1) Ils nageoient comme nagê.

oit est on ou en oi en oir oie
ein ay au ai am our un in oy
ois oient in aim aï cï eü aü aï
aïn coient è.

Lettres liées ensemble.

ff	fl	ffl	fi	œ	œ
ff	fl	ffl	fi	æ	œ

PREMIERE LECTURE.
Pour la seconde leçon.

Ma da me, li re, di re, sa la de,
sa ge, ma ri, a me, pâ te, ra ce,
pi pe, o li ve, me nu, me na ce,
lu ne, ra ve, pa ro le, ju pe,
ga ge, cu ré, ca ba ne, ce ci,
ca ma ra de, ci ga le, ce la, ca ve,
ga ze, ca po te, ca li ce, mi ne,
a ma zo ne, ca ra bi ne, pa pe,
de mi, ca pu ci ne, ca ra fe, ca ge,
ra ci ne, ri va ge, ca fé, i ma ge,
fi gu re, cé le ri, ra pe, ma li ce,
bé ni te, po ta ge, bo ti ne,
i nu ti le, mu ti ne, ca ne, ci re,
o ri gi ne, sa li ve, tu li pe, ju ge,

B

ma la de, co li que, rhu me, pe ti te,
pu ce, ri re, A ga te, Hé lè ne,
La za re, Hy po li te, Ni co le,
hu mi de, tu li pe, ri di cu le,
ba di ne, li me, lo ge, dé lu ge.

SECONDE LECTURE
pour les dipthongues propres.

Jo lie, cui re, hui le, nua ge,
pied, ca va le rie, ma ria ge, thé o-
lo gie, vio le, ca fe tiè re, ci me tiè re,
a mie, ri viè re, pi tie, niè ce,
a mi tié, hé ri tiè re, vue, suie,
é cu rie, fu mée, co mé die, Ju lie,
gé nie, di a lo gue, a na to mie, ma-
riée, ma la die, rui ne, a mi tié, sui te.

TROISIEME LECTURE.
pour la troisième leçon.

Sac, bec, sec, car na val, miel,
fiel, e xil, mar mi te, bar be, car pe,
car de, fri tu re, mi ne, e xer ci ce,
vir gu le, mor tier, jar di nier, pa pier,
bé ni tier, re gar der, bap ti ser,
cul te, cor de, bor du re, her be,

har di, har pe, dor mir, hor lo ge,
car te, car me, her mite, bal,
cul bu te, é pi nards, ad mi rer, pic,
duc, bar be, gar go te, mer le,
ar ti fi ce, pi co ter, go sier, pa ra sol,
hier, car ta ble, Mar ti ne, suer,
fuir, ciel, ca nard, ha sard, gi bier,
car pe, per te, ur ne, ver du re, duc,
sor cière, re nard, la mort, tor tue,
or ge, sal pê tre, gar nir, Job, Syl vie,
sol, ver ge.

QUATRIEME LECTURE.
Pour les lettres doubles.

Bon ne, don ne, hom me, pom me,
col lé ge, bé cas se, Ca mil le, pail le,
ta pis se rie, af fir mé, som me,
tas se, dat te, fol le, ter re, fil le,
nap pe, fos sé, cas se ro le, com-
mè re, bos se, rob be, jar re tiè re,
as som mé, fe mel le, sal le, pail ler,
al lée, can non nier, pos sé der,
as sou pir, fos sé, pa lis sa de, bos sus,
bat tu, bi zar re, bas si ne, af fa mé,
dom ma ge, gui tar re, car ra fe,
trap pe, com me.

CINQUIEME LECTURE.

Pour la quatrième leçon.

Ma te las, re but, ha bit, ris, par fait, De nis, va let, bi det, a mas, tes os, re pos, tu re çus, fus, fat, é tat, ca ba ret, pot, mot, il put, il se tut, par lez, te nez, ve nez, ri ez, ba di nez, pe tit, é tuis, le puits, bon net, bar bet, bal let, ta pis, ca-mus, a vo cat, mu let, ver jus, ca det, ca lot te, cas, ja dis, fa got, lo quet, fal ba las, muet, li not te, le corps, chat, rat, cheval, objet, Ni co las, Tho mas, tes pieds, a bus, la cet, gi got, cir cuit, ha ri cot, vo let, ca bi net, go be let, mé na ge.

SIXIEME LECTURE.

Pour la cinquième leçon.
ase esi osa use èse isa.

Vi sa ge, ro se, ca mi sole, ce ri se, gé né ro si té, go sier, vase, De-ni se, ru sée, me nui sier, cui si ne, mai son, ar ro sé, li sez, E li sa beth, Jé sus, frai se, be sa ce, la bi se.

AVANT LA SEPTIÈME LECTURE.
LEÇON IMPORTANTE
POUR LES MAITRES.
Motifs de cette Leçon.

La voyelle e muet 1. *ne se prononce point ou très-peu à la fin des mots.* 2. *Elle n'est jamais muette quand elle est suivie de deux consonnes.* (*Je n'entends point parler des deux consonnes* mn.) 3. *Il est d'usage dans notre prononciation actuelle, qu'ordinairement sur les e muets suivis de deux consonnes, les Imprimeurs, ni les Auteurs ne mettent point d'accens ni ouverts ni fermés, tels qu'on jette sur* é *et* è, *et cependant, on ne manque point de les prononcer en lisant comme s'il y avoit réellement un accent: on ne voit même, ou je n'ai pas vu des livres qui en parlent parmi les différens livres de principes dont les Maîtres de lecture sont fournis: voici les exemples.*

PREMIER EXEMPLE.

Pour les e *sans accent, mais suivis de deux consonnes semblables ou différentes.*

Réellement *se prononce comme s'il étoit écrit* rééllement, veste *comme* véste, sienne *comme* siènne, ennemi *comme* énnemi, regle *comme* règle, germe *comme* gérme, verdure *comme* vèrdure, cette *comme* cètte, *etc.*

SECOND EXEMPLE.

Pour deux autres consonnes mariées, comme bz, bl, cl, fl, cr, tr, pz, *etc.*

Mais ici les Auteurs et les Imprimeurs mettent quelquefois les accens. Ainsi declaré *se prononce comme* déclaré, petrifié *comme* pétrifié, decrire *comme* décrire, degrossir *comme* dégrossir.

B 3

TROISIÈME EXEMPLE.

(e) *muet pénultième* (*et quand même il ne seroit pas pénultième*) *d'un mot terminé par une syllabe muette, devroit être réhaussé par le son* e (*qui est moins alongé que* ê) sincere *comme* sincère, espece *comme* espèce, procede *comme* procède, fidele *comme* fidèle, sacrilege *comme* sacrilège, *etc.*

Il est à remarquer que les Imprimeurs et les Auteurs mettent quelquefois les accens sur les mots des deux derniers exemples, mais pas toujours.

QUATRIÈME EXEMPLE.

(e) *sans accent au commencement d'un mot fait toujours* (é) *et quelquefois* (è), etant *comme* étant, erigé *comme* érigé, esprit *comme* ésprit, estropié *comme* èstropié, eventé *comme* éventé, estomac *comme* èstomac, eleve *comme* élève : il seroit bon qu'on y mît cette accentuation, mais les Imprimeurs et les Auteurs ne s'en font point une règle.

PREMIÈRE PRATIQUE,

Ou leçon pour faciliter et prévenir la septième lecture.

est, erd, ert, erm, ern.

erg. cler gé, ver ger, ver du re.

ell. bel le, fi cel le, fe mel le, pru nel le, el le.

erl. per le, a mer tu me, per te.

exc. ex cep tez, ex ci ta.

erd. per dez, ter mi né.

cre mer cre di, ves ti bu le.

erv. ser vir, her be, her ba ge.

esse. tris tes se, pa res se, sa ges se.

ern. Pa ler ne, ver se ra, per vers,
der niè re, etc.

SECONDE PRATIQUE.

ecr.   dé cro cher.
egr.   dé gra de ra, in tè gre.
ecl.   dé cla ra.
etr.   dé trôner, dé trui re.
epr.   dé pri mer, mé pri ser.

TROISIÈME PRATIQUE.

ece, eche, ede, efe, ege, elle,
eme, ene, epl, ete, eve, exe,
es pè ce, dé pê che, il cède,
sa cri lé ge, fi dè le, mo dè le,
ex trê me, Bo hè me, pé nul ti ème,
a na thè me, hy po crè ne, sei ne,
il se pro mè ne, crèpe, vi pè re,
thè se, diè se, faus sè te, ver gè te,
diè te, miè te, é lè ve, sè ve, ge-
nè ve, an ne xe, se xe, é lè ve ra.

J'avoue que si les Auteurs ou les Imprimeurs mettoient avec soin des accens ouverts (è), ou fermés (é), cette troisième pratique auroit été inutile; mais comme on n'y est pas exact, cette leçon ou pratique est véritablement nécessaire, comme la suivante.

QUATRIÈME PRATIQUE.

(e) sans porter accent fait ordinairement (é) quand il commence le mot, et jamais il n'est muet et fait (è) quand il est suivi de deux consonnes, comme cel-ci, rb, rc, rd, st, etc.

écouler, état, été, épée, épare, éloge, évacué, épeler, émanora, herbage, escargot, esprit, estomac, herse, estropié.

SEPTIEME LECTURE.

Pour la sixième leçon.

bl.   ta ble, sa ble, vé ri ta ble, ta bli er, blessure.

br.   bro der, a bri cot, bros se, bri de, bra ve, bre bis, bras.

ch.   che val, po che, cha pe let, ca chet, che mise, é chiquier, cha riot, char ge, cher cher, é cor chu re, ca ni che, ca té chis me, bro chet.

chr. chro no lo gie, chro ni que, chris to phe.

cl.   clo che, clé, clas se, clé men ce, cla que, clair, cli mat.

cr.   cru che, é cri re, cru di té,

cras se, cri me, cro chet, crot te, cru el, cri bler.
ct. ac te, pec to ral, pac te, tact, rec ti tu de, ar chi tec te, carac tè re.
dr. dra gée, per drix, dru, drap, a dres se, dra peau.
fl. flû te, flam me, flè che, siffler, flat ter, fla geo let, af fligé, flé tri, flu et, flé xi ble, ré flé chir.
fr. fro ma ge, fri cas sée, fra gi le, A fri que, fri ser, fruit, fripon ne, fra ter nel, frap per.
gl. gla ce, rè gle, glis sa de, glaciè re, glu, glo be, glis ser.
gn. bor gne, bu gne, rè gne, vigne, a gne let, ma gni fi que, mi gno ne, ro si gnol, brigno le.
gr. gri ve, gref fier, grat ter, gruger, gros, gri set te, gro te, gra bat, grif fe, égra ti gnure.
gu. gué rir, guet ter, gui chet,

gui der, gui gne, fi gue, bague, or gue, guit tar re.

ph. phi lo so phe, é pi ta phe, phi-
lip pe, gé o gra phie.

pl. plu me, place, appli quer,
pla que, plis ser, ap pla ti.

pr. pru ne, pro bi té, pru nel le,
pri son nier, pra li ne, pré ci-
pi ce, pré, ap pris, ap prêt.

qu. qui, que, que re ler, quel que,
qu'a vez, quel, quê ter, qua-
tri ème.

sc. scri be, es car got, sca ri fi er,
sculp ter, es ca pa de, es corte,

sa. sa voir, sa chez, j'ai su, sa vez.

sp. spé ci al, spec ta cle, es prit,
spi ri tu el, as per ge, es pa-
gnol, es pè ce, es pa ce.

st. as tre, sta ble, sta tue, stu-
pi de, es ti me, es to mac,
ves te, pos te, pis to let, tris-
tes se, es ta fier.

tr. tri bu nal, tri cot, tric trac,
tra pe, tré pas, tro quer, at-

tri but, at tris té, a tro ce,
é tri viè re, é tren ne.

vr. vi vre, i vro gne, livre, chè-
vre, vrai, cui vre, sui vre,
lè vre, le vret te, or fè vre.

HUITIEME LECTURE.

Pour la septième leçon.

ill. fille, billet, pa pillotte, quille,
spa dille, ha biller, grille.

Exceptez certains mots, comme

ville, pilon à piler du sel, il-
lustre, Camille.

aill. ba taille, paille, taille, te-
nailles, mu railles, Ver sailles.

ail. at ti rail, por tail, tra vail, de
l'ail, ca mail.

eill. o reille, treille, a beille, vieille,
o seille, gro seille, veille, réveillé.

eil. so leil, som meil, ré veil.

cueil. *comme* (k) cueillir, accueillir,
recueillera, accueil, écueil,
orgueil, cercueil.

euil. euil, cerfeuil, seuil, feuillage.
ouil. ouill, fenouil, mouiller, fouil-
ler, grenouille.

NEUVIEME LECTURE.

Pour la huitième leçon.

à. à ma mie, à Pierre, à Jo seph.
â. â ge, âne, blâ me, pâ te, mâ le, flâ me, bâil ler.
é. é pée, ge lée, lé vrier, les é chel les, cu rio si té, pro-pre té, di vi ni té.
è. sè ve, lè vre, co lè re, pro cès, ex près, ver tu, hiver.
ê. bê te, tê te, fe nê tre, même, ex trê me, ca rê me, prê tre, thê me, fo rêt, prê cher, vê-pres, chrê me, hon nê te.
ë. po ète, co ë fe, no ël, po ë me,
î. le gî te, a bî me.
ô. hô te, cô te, drô le, rô ti, ô ter, Jé rô me, clô tu re.
û. flû te, bû che, qu'il re çût.
ï. la ï que, ha ïr, Sa ra ï.

DIXIÈME.

DIXIEME LECTURE.
pour la neuvième leçon.

an. di man che, a man de, tan te, tan che, lan gue, gran de, fran che, ex tra va gant, châ tiant, gé ant, é lé phant, sang.

am. jam be, cham bre, am ple, am bi gu, am bre, gam ba de, am phi thé â tre.

en. den tel le, en fant, cent, pren dre, gen dre, cen tre, en cre, cen dre, sen ti nel le, s'en i vrer, en rô ler, pré si dent, e xis ten ce.

em. tem pê te, em me ner, em bras ser, ex em ple, ex em ption, en sem ble, em bar ras, temps.

in. lin ge, vin, pin çon, fin, des tin, ar le quin, bé nin, bou din, ma ro quin.

ein. pein tre, tein dre, le teint, é rein té, cein tu re.

C

ain. main, é tain, de main, pain, main, mas se pain, crainte.
aim. faim, daim, essaim.
im. im pos si ble, tim bre, im-pôt, im po li, im por tu ne,
oin. oin dre, foin, coin, poin te, moins, loin tain.
ien. chien, mien, an cien, main-tien, le tien, mu si cien, rien, bien.
on. bon, ron de, gar çon, le-çon, scor pion, on gle, se-cond, ac tion, pa pillon, con seil, char geons, man-chons, me lon, bron ze.
om. om bre, nom, trom pet te, tom ber, trom per, tri om-phe, com pè re, plomb.
ou. sou pe, mou tar de, bou-din, fou et, bou teil le, goû ter, gre nouil le, joue, bou e, nous, vous, bout, mous ta che, que nouil le, rou geo le, souf flet, le loup.

fram boi se, histoire, gloire, croi re, noix, noi set te, oi- gnon, té moi gna ge.

oic. joie, proie, soie, mon noie.

oir. noir, sa voir, mi roir, vou- loir, pou voir, mou choir, bou doir.

au sau ce, chaus son, mi au ler, sau le, épau le, haut bois, cra peau, au ber ge, ré- chaud, sau te, au tre, pau- vre, che vaux, ma ré chaux, ar ti chaux.

eau. la peau, moi neau, cou teau, cha peaux, tombeau, a- gneau, l'eau, mar teau, fu- seau, le seau, ton neau, le mar teau, pi geon neau, sceaux, beau, bu reaux.

eu. Dieu, peux, che veux, gueu- le, heu re, dé jeû ner, Mat- thieu.

œu. feu, beurre, œuf, œuvres, af freux, cieux, mieux, les

C 2

oui. ré joui, en foui.

ouill. bouil lon, brouil ler, mouiller, fouil ler.

un. lun di, cha cun, ner prun,
au cun, a lun

oi. boi re, ma choi re, Toi non,
doit, cra moi si, é toi le,
yeux, heu reux, aï eul, seul,
fil leul, cer feuil, feuil la ge,
vœux.

eur. peur, au teur, voleur, li-
queur, ha ran geur, sculp-
teur, fu reur, lu eur, ma
sœur, mon cœur.

ai. rai sin, ai guil le, bai ser,
du lait, chai se, ba lais, fraise, a po thi caire, pair, impair, de man gai son.

aî. aî né, maître, naî tre, aîle.

ei. pei ne, pei gne, seigne, vei-
ne, en sei gner.

oî. con noî tre, pa roî tre,
croî tre.

ois. tu chan tois, pleurois, ri ois,
li sois, par lois, dan sois.

oit. il ba di noit, man geoit, se cou choit, é cri voit, brilloit, en troit.
oient. ils mar choient, mar quoient.
est. il est bon, il est sage, il est grand, il est joli.
ay. pay able, pay eur, pays, es sayer, pay san, pay sa ge, ray er, ray on.
oy. loyal, jovial, joyeux, joyau, moyen, noyau, employer, mi toyen, royau me.
aü. Saül, Esaü, Ar che laüs.
aï Adonaï, haïr.
eï païen, plé beïen.
oï. Moïse, héroïque.

LECTURE

Pour les syllabes qui ont des sons différens.
La syllabe ent, *forme le son* an, *et dans les terminaisons des verbes en, elle a celui de l'e muet.*

ils ri ent, mon tent, étouf fent, re tour nent, trem blent, souf flent, des ti nent.

La syllabe ai, *forme le son* è *et dans les terminaisons des verbes en* ai, *elle a le son* è.

je sou pai, dî nai, pro me nai, ri mai, chan geai, na geai, ra va geai, man geai.

LECTURE
Composée des mots précédens, dont les syllabes ne sont pas détachées.

Madame, sage, rire, ridicule, Dominique, Agathe, rhume, juge, origine, mutine, figure, racine, dessin, amazone, capote, cela, cabane, parole, lune, pipe, humide, Hypolite, Hélène, petite, malade, salive, bigote, bénite, céleri, rivage, capucine, carabine, calice, cave, camarade, jupe, page, dialogue, fumée, héritière, pitié, amie, figure, théorie, cuire anatomie, mariage, morue, ruiné, cimetière, nièce, viol, suite, écurie, pied, culbute, carte, broder, regarder. exercice, carpe, miel, sac, carme, hermite, marmite, Job, tortue, duc, sorcier, orge, perle, hasard, Martine, parasol, artifice, George, la mort, guitarre. Jeanne, bossu, forteresse, allée, celle, perruque, canelle, ânesse, terre, collège, bonne, carcasse, bassine, Etienne, fossé, canonnière, femelle, gobelet, haricot, abus, Nicolas, chatte, sonner, épinette, assiette, camus, bonnet, badinez, parlez, pot, tu reçus, l'esprit, amas, paradis, matelas, Isabelle, menuisier, gosier, générosité, visage, cuisine, besace, cloche, chameau, cheval, broderie, table, cerise, ruse, clé, chronique, poche, abricot, sable, classe, éléphant, chapelier, brosse, véritable, noisette, cachet, bride, tablier, catéchisme, claque, écorchure, blessure, chariot, arrosé, brochet, bracelet, chemise, charette, échiquier, caniche, grive, corne, glace, fromage, flûte, dragée, cruche greffier, bugne, réglé, fricassée, flamme, perdrix, acte, pectoral, écrire, gratter, règne, glissade, fragile, flèche, drogue, le tact, erudité, gruger, vigne, glacière, Afrique, siffler, dru, rectitude, crasse, égratignure, brignole, frapper, réfléchir, cassonnade, caractère, cruel, astre, spécial, scélérat, scribe, prune, plume, philosophie, guérir stable, spectacle, scène, escargot, probité, place, épitaphe, guetter, statue, esprit, scier, sacrifier, prunelle, appliquer, Philippe, guichet, estaffier, sphère, obscène, escorte, apprêt, plat, géographie, orgue, guitare, plisser, praline, escapade, deuil, seuil, soleil, oreille, attirail, bataille, fille, fraise, trinité, sommeil, treille, portail, paille, billet, ivrogne, tricot, Abel, réveil, volaille, taille, juillet, livre, trictrac, accueillir, réveillé, camail, Versailles, habiller, orfèvre, étrenne, troquer, levrette, papillote, muraille, groseille, salpêtre, flûte, hôte, île, poëte, bête, fève, épée, âge, à ma mie, amande, haïr, côte, gîte, boîte, tête, lèvre, gelée, âge, pierre, tante, je hais, j'aime, abîme, apôtre, fenêtre, colère, levrier, blame, à Joseph, sang, cahier, qu'il eût, clôture, morue, honnête, hiver, zèle, les divinités, bâiller, extravagant, pluie, hôpital, nain, peintre, singe, tempête, dentelle, jambe, étain, impossible, feindre, simple, vin, emmener, enfant, chambre, timbre, demain, parrain, juin, embrasser, l'enfer, ample, daim, les saints, cinture, temps, hareng, amphithéâtre, faim, massepain, éteinte, maroquin, intendant, embarras; existence, gambade, main, ensemble, s'enivrer, ambre, bonjour, soupe, ombre, bon, chien, oindre, retour, moutarde, nom, non, soin, secours, boudin, trompette, rond, point, toujours, fouet, tomber, garçon, chrétien, point, lourdau, le goût, plomb, bronze, bien, lointin, musicien, manchon, compère, melon, brouillon, sourd, fourchette, tambour, soufflet, brouiller, moustache, quenouille, moële, papillon, ongle, Dieu, la peau, sause, noir, roi, peau, moineau, chausson, savoir, boire, lundi, cheveux, couteau, miroir, mâchoire, chacun, gueule, chapeau, miauler, assoir, Toinon, pas un, fauteuil, bureau, artichaud, vouloir, monnoie oignon, feuillage, beau, tonneau, chevaux, proie, humble, heureux, beurre, pigeonneaux, fuseau, pauvre, moine, bon, ils marchoient, ils badinoient, tu chantois, connoître, peine, aîné, raisin, peur, il est sage, ils manquoient, ils mangeoient, tu plurois, paroître, maison, aiguille, prédicateur, il est grand, ils nageoient, il entroit, tu dansois, croître, aile, démangeaison, mon cœur, scapulaire, impair, palais, vain, tu parlois, chaise, fureur, je soupai, ils rient, royal, payable, je dînai, ils montent, royaume, paiement, je me promenai, ils étouffent, joyeux, pays, je rimai, ils trompent, joyau, paysan, e changeai, ils retournent, moyen, paysage, je nageai, ils tremblent, noyau, rayer, je ravageai, ils soufflent, employer, rayon, je mangai, ils destinent, mitoyen.

PLUSIEURS MOTS NOUVEAUX

Surnaturel : prince : conduit : gobelet : malade : mes frères : heureux : montez : anticipe : examiner : hostilité : suave : vitriol : scabreux : ancien : Joab : avantage : écrivoit : condition : Abraham : voir : fourchette : soupirail : exaucer : fiel : dragon : femme : aversion : boisson : enduire : avance : cordon : carafe : mes : enfin : lion : seau : sœur : craignent : figures : préséance : oxicrat : gaufre : extravagant : tambour : infructueux : sept : action : gadouard : cantique : bécasse, dentelle : exulcérer : joyeuse : habit : compliment : brune : mouillent : culture : Stuart : ainsi ; caillé : espoir : patience : driade : obscurité : bague : humble : parfum : obéisse : songer : plaire : monceau : joyaux : hardiment : connoissance : cabale : sincère foin : andouille : image : remède : douceur : Esaü : moussent : dévotieux : rigole : ambassadeur : inquiet :

ficelle : soulève : soit : Joas : hautin ; plaire : princesse : liége : est : gauche : croit : antidote : graine : milliasse : j'ai : exorable : peau : immobile : cendre : manié : exorbitant : faim : s'obtient : bourgeois : chef : engagea : impérial : curieux : récréer : riment : capucin : canfre : abricot : suoit : le cercueil : caudebec : moyen : émétique : courtisan : ouailles : tourment : préjudice : simple : connoître : égaloient : procession. canne : gêne : Licaon : argile : aspirer : couverture : œuvre : épier : foiblement : augmente : agir : répréhensible : avouer : bril : montent : estime : nouoit : ces : extase ; gilotin : corroyeur : après : figure : espagnol ; gimblette : cuit ; herbe ; gourmand ; invalide ; virgule ; paresse ; réflexion ; accepte ; aucun ; Niord ; coëffe : rivage ; médaille ; reçoit ; précieux ; étoile ; oblige ; largesse ; jouet ; étouffer ; tes ; sonnette ; habile ; viellesse ; exécution ; homme.

EXEMPLES

Des lettres Apostrophées qui se rencontrent dans la lecture.

S'admire; l'autre: m'est; j'espère; n'avancez : t'affronte : quoiqu'on : d'autre ; c'est : s'il : m'y : l'esprit ; jaspire : n'importe : l'estime ; n'êtes ; jusqu'où; d'histoire; ç'a; s'augmente; qu'il t'excite ; s'est ; d'esprit ; c'étoit; l'effet ; n'importe ; j'endors ; t'interroge ; quelqu'une ; d'ordinaire ; s'obtient ; l'admiration ; n'augmente ; j'irai ; n'obtienne ; t'achever ; qu'attendez; d'outrage; s'efforce; l'amitié; m'outrage; j'efface; n'avoit; t'arrache; qu'obtient ; d'habitude ; sabstient ; s'est ; l'univers ; m'avance ; j'apporte;

Lorsque les enfans sauront bien lire leurs principes, et qu'ils liront facilement les lectures précédentes, on pourra les faire lire dans quelqu'autre livre, et attendre ensuite qu'ils soient un peu forts pour leur faire lire les lectures suivantes.

D

Du gros caractère, c'est-à-dire, des lettres Majuscules.

CE N'EST POINT L'ÉPÉE QUI DOMPTE LA COLÈRE DES AUTRES, MAIS LA PAROLE DOUCE ET HUMBLE. QUAND ILS CRIENT, NOUS CRIONS NOUS-MÊMES ; NOUS EMPLOYONS LES INJURES, LES MENACES ET LES MOYENS VIOLENS POUR LES FAIRE TAIRE, ET NOUS OUBLIONS QU'IL NE FAUT QU'UN MOT DE DOUCEUR ET DE CIVILITÉ.

UNE LANGUE DOUCE, DISCRÈTE ET ÉLOQUENTE, EST L'ARBRE DE VIE DANS LA MAISON ET DANS LA COMPAGNIE OU ELLE EST ; CHACUN EN TIRE DES FRUITS DE CONSOLATION, ET DE REMÈDE POUR LES INQUIÉTUDES ET LES AUTRES MALADIES INTÉRIEURES.

LECTURE
Pour la liaison des mots.

bie-n-utile.	*mes-z-amis.*	*tro-p-entêté.*
bien utile.	mes amis.	trop entêté.
elle-arrive.	*doi-t être*	*son-habit.*
elle arrive.	doit être	son habit.
deu-z-épées.		*l'u-n-et l'autre,*
deux épées.		l'un et l'autre.

gran-t-homme. di-z-écus trè-z habile:
grand homme. dix écus. très-habile.
on-enseigne. au-z-autres. en-étourdi.
on enseigne. aux autres. en étourdi.
aprè-z-avoir. un-insensé. cin-qu-assiettes.
après avoir. un insensé cinq assiettes.
ave-qu-esprit. pa-z-étonnant. un-amitié.
avec esprit. pas étonnant. une amitié.

PHRASES

Composées de toutes sortes de liaisons de mots.

Des habits enrichis de diamans et de perles. C'est-à-dire, qu'on n'avoit point averti les autres. On ne pouvoit avertir. On ne pouvoit y entrer sans être étonné. On parle encore aujourd'hui de cet adorable temple. C'est être un grand impie que d'y ajouter foi. Elle est assez ouverte pour qu'on y puisse entrer. Des turbans abattus, et des ennemis épouventés. On croyoit être dans un autre endroit. Jusques alors on se le disoit les uns aux autres. Tantôt il paroissoit au milieu de ses amis. Il est aprésent quatre ou cinq heures au moins. On entendit comme un concert dans les airs. Après avoir enseigné sept heures entières. C'est ainsi que les avares pensent ordinairement. Son amour ne pouvoit être mieux opprimé. On a dit ici qu'il avoit arrêté ses ennemis. Quand elle vient à considérer son ambition. Travaillez avec assez de fruit pour y arriver. Son naturel angélique étonnoit ses ennemis. On y voyoit aussi des ouvrages très-utiles. Son ami mourut bien avant son établissement. Huit heures sont sonnées. Mais il n'en est pas neuf. Toujours inquiet, toujours attentif et toujours alerte. Il y en a sept à moi, trois à vous, deux à eux. Il est trop aimable pour ne pas être de la partie.

AVERTISSEMENT

Sur la lecture du Latin.

On ne doit faire passer un Enfant à la lecture du latin que lorsqu'il est bien affermi dans celle du français; alors avec le secours des trois lectures suivantes, il en surmontera en très-peu de temps les difficultés.

PREMIERE LECTURE
DU LATIN

Cette première lecture n'a d'autre difficulté que celle de faire sentir toutes les lettres dans la prononciation.

Tibi ; tota ; sana ; pudore ; mala; nomini ; domino ; tabula ; fabula ; vide ; oratio ; habeo; benedicite; politica; generatio; avaritia; negotiatio; fidei ; æmulatio ; alieno ; pueritiæ ; præda; cœnobi; cetera; natio; janua; vitii ; solatii ; gratiæ; pretii ; generatio ; exitu ; dixere ; familia ; cœli ; reipublicæ ; ultra ; sudavere ; necessitas; docere; hodie; lacrimare; jugulo ; currere ; affligo ; misereri ; catena ; peccata ; accurro ; adeo ; maria ; jocosè ; dilucide ; fideli ; filio ; ridere ; judeo; cani; tota; lorica; Livonia; dimitto; demo; matutini; coronæ; limo; inimici; laboravi; oculi; mei; timore; rapui; libero ; jejunio; anima ; mihi ; eripere; facili; exitu ; posuere; dissimulatio; silva; altitudo;

facta; spero; proptereà; justitiæ; tristitia; cœlesti; stricte; mœstitia; postulare; gusto; solertia; torno; tracta; parcere; deprecatio; nostra; delicta; parce; actuosè; adcubo; adducta; circa; gloria; fluere; ascia; credo; formica; gratiosa; crastina; inebria; virtute; multiplicasti; vespere; locupletare; ubertate; speciosa; deserti.

Hac; hic; hoc; huc; par; jubar; impar; tener; pariter; civiliter; mater, pater; liber; fideliter; Jupiter; vir; levis; memor: pictor: scrutator; cor: fœdator; successor; femur: jecur; legitur; petitur; ineptias; delicias; deditas; musas; animas; tribuas; civitas; doces; dies; toties; familiares; leges; comes; dulces; feles; locupletes: patri: cœli; colis; pœnis: delineationis; stultitiis: solertiis; cœlestis: bonos: nos: cœlos: mos: famulos: dominos; magistros; malos; teneros; latus: potius, diutius: cælestibus, propitius, cœnalibus, fructus: amat; videat: absolvat; castigat; adveniat: exaltat; pulsat: licet: leget: deprimet; taceret; subjiceret: diligeret; veniet; fecit; procedit; solvit; venit; vidit; legit; amavit; addixit; accedit; tot; sicut: velut: ut; caput: occiput: pax; pertinax: fax; borax: edax: tenax: vorax: duplex: opifex; ilex: artifex: apex: silex; felix: beatrix, genitrix, tractatrix, solatrix, nox, ferox, velox, vox, volvox, precox, lux, nux, dux, trux, crux, conjux, forceps, vult, omnes, amnicus, amnis, omnibus, amnicula, amniculus, somnio, somnificus, inimicis, innuit, annotat, annulus, annexus, annuo, annuit, penna, penniger, pennula, nonne, connexus, connubialis, connivo, lemma, gemma, gemmator, dilemma, ammonitæ, communis, commodas, commonet, communico.

SECONDE LECTURE
DU LATIN.

Pour les sons, an, am, in, im, on, om, au, *qui se prononcent presque toujours en latin comme en français.*

Antonius, blanditas, cumulantur, doceant, amant, credant, negotiantibus, parant, notant, explorans, tractande, luctantia, portans, anceps, amplexor, ambulans, lampas, campus, injuria, imprimis, insanè, infero, insidiæ, induxere, finit, fuerint, docuerint, deinceps, princeps, singulæ, audiverint, imber, cimbri, impar, impiè, impendia, limbus, limpidus, simplicia, pondus, consimilis, constantia, responde, contumax, frons, fons, pons, fonticus, consocer, pontifex, tonsor, montanus, monstro, omphacinus, compono, computare, compressio.

Audio, auxilio, audax, fraudator, claudicat, augustus, plaudo, plaustra, causa, cauda, cautela, audax.

Lorsque les mots sont terminés par les syllabes.

   an am on om in im.
prononcez a–ne, a–me, o–ne, o–me, i–ne, i–me.

an, Titan, Satan, lunam, casam, historiam, ranam, cicadam, deam, Dianam, simiam, similam, multam, tam, musam, lanam, agon, dragon, Triton, Jason, Amon, non, gelicon, dæmon, parin, delphin, cucumin, Daphin, Irin, Thyrsin, legerem, sitim, securim, vim, adjecerim, crediderim, pelvim, decussim, navim, docuerim, acceperim.

TROISIEME LECTURE
DU LATIN.

Pour les syllabes qui ont un son différent dans le latin que dans le français.

les syllabes   en em
se prononcent   in im

prudentiæ : patiendi : licentias : absentia : sentiamus : sententias, scientia, silentii, ingentia, impatientias, experientiis, pœnitentia, conscientias, imprudentiæ, indulgentia, opulentiis, reverentias, potentius, mens, dicens, sapiens, ridens, potens, omnipotens, innocens, cupiens, legent, mulcent, celebrent, respondent, possent, abstergent, emptio, exemplo, empirice, emplastro, emptori, adempti, redemptio.

Lorsque les mots sont terminés par les syllabes

en   em

prononcez   è-ne, è-me.

lumen, nomen, semen, crimen, examen, flamen, foramen, carmen, amen, attamen, ligamen, gramen, limen, noctem, septem, hominem, explorationem, nationem, conantem patientem, sanitatem, matrem, idem patrem, noctem, septem.

---

les syllabes un, um,
se prononcent on, om.

unde, voluntas, fundarint, fæcunditate, Burgundiam, undecim, undatus, exundantem, facundas, facundia, erunt, fuerunt, timebunt, audiunt, possunt, legunt, deducunt, pereunt, violarunt, ambularunt, umbra, recumbo, incumberet, umbifer, umbo, columbam, lumbi, umbilicus, triumphat.

Lorsque les mots sont terminés par la syllabe um.
prononcez . . . . ome.

morbum, eundem, probationum, suum, confluentium, præsentium, cæcatum, invidiarem, elisæum, imperantium, fundatarum.

Les syllabes umn,
se prononcent om-ne,
columna : collumnarii : collumnella : alumnus.

Les syllabes all : ell : ill : oll ; ull :
se prononcent al-le, el-le, il-le, ol-le, ul-le,
alleluia : allegoria : allex : allectus : allendo : bellum : præcellunt : procella : rebellantium : mille : millia : millies : villosus : villico : cillibantes : illa : villam : humillimas : illecebra : villa : illæsus : ancillas : facilimum : millibus : illudi : illam : humillima : tigillum : pupillos : pupilla : illuc : capillis : emollirent : sollicitans : molliens : ullus : ullius : ulli : ullum : nonullus.

La syllabe ch.
se prononce que.

chorus : chrema : chorda chronis : chrisma : chrismatus : scholæ : chrisostomo : chalcia :

chronologia : chromatis : chronicam : christia-
nus : charitatibus : Christus : machinabitur :
chartarius : chronica : Anchises : chelidoniæ :
chiromantia : Ezechiæ : chrombum.

La syllabe   gn.
se prononce   gue—ne.

agnus : pugna : magno : magnificat : magnifi-
centiæ : dedignatur : consignaverint : cogno-
men : pugnantia : expugnabunt : ignorantiæ :
ignarus : ignis : agmen : regnare : lignum :
cognatio : consigno : significo.

Les syllabes   gua,   gue,   gui,   guo,   guu,
se prononcent gou—a, gu-e, gu-i, guo, gu-u.

linguas, linguis, linguax, linguace, languet,
languis, languescens, anguem, angue, sanguis,
languidus, angui, sanguinolentus, arguunt.

Les syllabes   qua,   que,   qui,   quo   quu,
se prononcent   coua, coue. cui,   co,   cu.

qua. quam. quas. nunquam. nonquam. aqua.
inquam. quæ. quo. quem. aliquem. quemque.
undique. eques. itaque. relenquent. perse-
quentur. usque. quid. quisque. inquietus.
equis. equidem. requiem. quodquod. quos.
quotuplex. quoties. quotidiè. æquor. aliquot.
aliquod. equus. equulus. equula. loquuntur.

FIN.

A Besançon, de l'Imprimerie de la Ve Métoyer.

RÉGIMENT D

LIVRET appartenant à

de la   Compagnie du   Bataillon.

SIGNALEMENT.

Entré au service comme   le
    inscrit sur le Contrôle du Corps, sous le N.°
sur le Tableau général de la Conscription, sous le N.°
sur la Liste formée en exécution de l'article 12
    du Décret du 8 fructidor an 13, sous le N.°

Fils d   et d
Domiciliés à   Canton d
Dép.t   né le
                          Canton d
Dép.t   domicilié, avant son entrée au
service à   Canton d
                          taille d'un mètre   milli.
cheveux   sourcils
yeux   front
nez   bouche
menton   visage
teint   *Marques particulières.*

A Besançon, chez la V.e MÉTOYER, Imprimeur-Libraire pour la partie militaire.